차례

프롤로그
영상 크리에이터를 꿈꾸다 ················· 9

1화 1인 미디어 ················· 17

강호이의 호기심 영상 크리에이터도 회사를 통해 ········· 48
관리받을 수 있나요?
뿌독이 놀이터 정답 찾기 ················· 50

2화 도전! 영상 크리에이터 ·············· 51

깜짝 코너! 파뿌리 인터뷰 ················· 68
뿌독이 놀이터 직업 도구 찾기, 십자말풀이 ········· 70

3화 내 영상에 무슨 일이? ·············· 73

노랭이의 검색창 세계적인 영상 크리에이터 ········· 103
강호이의 호기심 영상에 악플이 달리면 ········· 104
어떻게 대처해야 하나요?

4화 영상 크리에이터에게 중요한 것 ····· **105**

강호이의 호기심 팀으로 일하는 크리에이터는 ················· 133
　　　　　　　　어떻게 협력하나요?
뿌독이 놀이터 다른 그림 찾기, OX 퀴즈················· 134

5화 나만의 세계를 만들어요 ················· **137**

노랭이의 검색창 유튜브 주요 용어 ···················· 153
강호이의 호기심 유튜버가 되려면 어떻게 해야 하나요? ········ 154
우리나라의 1세대 유튜버 ························ 156

에필로그 ··· 157

등장인물

강호이

직업 체험을 이끌어 나가는 파뿌리의 실질적 리더! 먹는 것에 천부적인 재능이 있다. 영상 크리에이터가 되기 위해 겁먹지 않고 도전한다.

진렬이

투덜거리면서도 주어진 상황에 열정을 쏟는 열혈 인물! 영상 편집 기술을 빠른 속도로 익히며 영상 크리에이터로서 쑥쑥 성장한다.

노랭이

영상 크리에이터 체험의 숨은 공신! 친구들이 채널 운영에 어려움을 겪자 격려하며 자신만의 비법을 공유한다.

뿌독몬

파뿌리가 직업 체험을 할 수 있도록 돕는 귀여운 요정! 파뿌리가 영상 크리에이터에 대해 궁금해하자 기다렸다는 듯이 나타나 파뿌리를 박람회로 초대한다.

직업 소개

영상 크리에이터는 어떤 일을 할까요?

SNS 혹은 유튜브와 같은 동영상 플랫폼에 올라오는 영상 콘텐츠를 만드는 사람들을 영상 크리에이터라고 해요. 이들은 영상을 기획하고 촬영한 뒤, 편집을 통해 완성도 높은 콘텐츠를 제작합니다. 또한 영상의 몰입도를 높이기 위해 편집 과정에서 자막이나 음악, 효과를 추가하기도 해요.

영상 크리에이터들은 영상을 꾸준히 업로드하고, 시청자들의 반응을 살펴보면서 영상을 개선해요. 콘텐츠의 종류에 따라 다르지만, 시대 흐름이나 유행을 빠르게 파악하는 것은 중요한 능력이랍니다. 인기 있는 주제를 선택할수록 더 많은 시청자의 관심을 끌 수 있기 때문이에요. 이들은 혼자 영상을 만드는 경우도 있지만, 촬영자, 편집자, 작가 등과 함께 팀을 이루어 작업하는 경우도 많답니다.

이 직업은 비교적 일하는 환경이 자유로운 편이에요. 출퇴근 시간이 정해져 있지 않고, 촬영하려는 콘텐츠에 따라 일하는 공간도 다양하답니다. 하지만 자유로운 만큼 스스로 정한 스케줄을 지키고, 꾸준히 영상을 업로드하는 성실함이 중요해요.

영상 콘텐츠의 종류

1. 먹방
'먹다'와 '방송'을 합친 말로, 음식을 먹으며 리뷰하는 콘텐츠예요. 한국에서 시작된 영상 형식으로, 'Mukbang'이라는 단어는 해외에서도 사용되고 있어요.

2. 애니메이션
직접 그림을 그리거나 컴퓨터 프로그램을 활용해 제작한 애니메이션 콘텐츠예요. 개성 있는 캐릭터와 흥미로운 이야기로 시청자들의 관심을 끌어요.

3. 정보·지식
역사, 과학, 경제, 상식 등 다양한 정보를 쉽고 재미있게 전달하는 영상이에요. 최신 정보를 반영할 수 있다는 장점이 있어요.

4. 코미디
일상에서 일어날 법한 상황을 과장해서 연기하거나, 기발한 아이디어로 웃음을 주는 콘텐츠예요.

5. 게임 플레이
게임을 하면서 시청자와 소통하는 콘텐츠예요. 직접 게임을 하기보다는 크리에이터의 개성 있는 진행과 반응을 보는 것을 좋아하는 시청자들이 많아 꾸준한 인기를 얻고 있어요.

콘텐츠에는 한계가 없답니다.

직업 체험 신청서

※파뿌리를 따라 직업 체험 신청서를 써 봅시다.

이름		학년 / 반	
체험 신청 직업			
필요한 마음가짐	 창의력 소통 능력  단단한 마음 책임감과 성실함		

준비됐으면 영상 크리에이터 체험을 시작해 볼까?!

프롤로그
영상 크리에이터를 꿈꾸다

오! 이번에 새로 나온 마라떡볶이 정말 괜찮은데요? 중독성 있는 맛이에요.

우아, 저 많은 음식을 다 먹다니 대단해…!

이 사람은 누구야?

<크리에이터>

새로운 것을 창작하는 사람을 뜻해요. 원래는 광고 분야에서 사용되던 말로, '새로운 광고를 만드는 사람'을 가리켰으나 지금은 범위가 더욱 넓어져 영상, 그림, 음악, 글, 디자인 등 다양한 콘텐츠를 만드는 사람까지 포함하게 됐어요. 스마트폰과 디지털 기술이 발전하며 누구나 쉽게 콘텐츠를 만들 수 있는 세상이 되면서 영상 콘텐츠를 만드는 크리에이터가 많아졌어요.

크리에이터 체험 박람회

우아~! 사람들 정말 많다.

기계 장비들이 엄청나게 많아. 신기하다!

이런 기기로 영상을 찍는구나.

<브이로그>

비디오(Video)와 블로그(Blog)의 합성어로, 자신의 일상을 동영상으로 기록해 인터넷에 올리는 콘텐츠를 의미해요. 유튜브와 같은 SNS*에서 많이 공유되는 영상 형식 중 하나로, 여행, 요리, 공부 등 다양한 주제를 담을 수 있어요. 사람들이 자신의 경험을 공유하는 방식으로 큰 인기를 얻고 있어요.

*SNS: 소셜 네트워크 서비스의 약자로, 인터넷에서 사람들과 관계를 맺거나 이야기하고 사진과 영상을 공유할 수 있는 서비스.

<영상 촬영 팁>

카메라 움직임을 어떻게 조절하느냐에 따라 영상이 더 완성도 있게 보일 수 있답니다. 움직이는 대상을 찍을 때는 카메라를 고정해 대상의 움직임을 그대로 담아야 영상이 안정적으로 보여요. 반대로 멈춰 있는 대상을 찍을 때는 카메라를 천천히 좌우 또는 위아래로 움직이면 더욱 자연스럽고 생동감 있는 영상이 완성된답니다.

진렬이의 직업 노트

콘텐츠를 기획할 때 고려할 요소

- 핵심 주제 정하기

주제가 뚜렷해야 사람들이
영상을 쉽게 이해할 수 있음.

- 목표 설정하기

재미, 정보, 감동 등 목표를
명확히 정해야 함.

- 시청자 고려하기

보는 사람의 나이, 성별,
관심사 등을 고려해야 함.

- 차별점 찾기

영상 분위기나 편집 방식 등,
내 영상만의 특별한 강점을
만들어야 함.

1인 미디어는 개인이 자신의 글, 사진, 영상 등을 대중에게 내보이는 서비스를 말합니다. 여러분이 알고 있는 유튜브가 대표적인 1인 미디어죠.

<1인 미디어>

개인이 직접 콘텐츠를 만들어서 온라인을 통해 배포하는 미디어 형태를 말해요. TV나 신문과 같은 전통적인 미디어는 기업이 운영하지만, 1인 미디어는 누구나 채널을 만들어 자유롭게 활동할 수 있다는 특징이 있어요. 이때 콘텐츠의 형식은 영상뿐만 아니라 글, 사진, 오디오 등으로 다양하답니다. 크리에이터들은 자신이 활동하는 플랫폼에서 광고 수익을 받을 수도 있지만, 그 외에도 후원이나 굿즈 판매 등 다양한 방식으로 수익을 창출하기도 한답니다. 1인 미디어는 개인이 기획부터 촬영, 편집, 홍보까지 모두 담당해요. 그렇기 때문에 성공하기 위해서는 꾸준한 노력이 필요하며 다른 채널들과 차별화되는 자신만의 개성을 찾아야 한답니다.

<저작권과 초상권>

영상 크리에이터는 저작권과 초상권을 지키면서 콘텐츠를 만들어야 해요. 저작권이란 음악, 영상, 이미지 등 다른 사람이 만든 창작물을 허락 없이 사용하는 것을 막는 법적인 권리예요. 따라서 유튜브 영상에 저작권이 있는 음악이나 영상 클립을 무단으로 사용하면 문제가 될 수 있어요. 초상권은 자신이 동의하지 않은 상태에서 얼굴이나 모습이 촬영되거나 공개되지 않을 권리예요. 그래서 길거리를 찍을 때 지나가는 사람들은 모자이크 처리를 하는 것이 좋답니다. 가장 안전한 방법은 저작권이 없는 무료 음원과 이미지를 사용하거나, 직접 제작한 콘텐츠를 활용하는 거예요. 이를 잘 지키지 않으면 영상이 삭제되거나 수익이 정지될 수 있으며 심한 경우 법적인 문제가 발생할 수 있으니 조심해야 해요.

<1인 미디어 플랫폼>

플랫폼은 콘텐츠의 형식과 특징에 따라 다양한 종류로 나누어져요. 영상 중심 플랫폼으로는 대표적으로 유튜브와 틱톡이 있어요. 특히 틱톡은 짧고 빠른 영상이 소비되기 때문에 유행에 민감하며, 챌린지나 패러디 영상이 많이 올라오는 특징이 있어요. 사진 중심 플랫폼으로는 인스타그램이 있으며, 패션, 음식, 여행 등의 사진을 공유하거나, 브랜드 홍보 및 개인 일상을 기록하는 용도로 많이 활용돼요. 글 기반 플랫폼으로는 다양한 주제를 기록할 수 있는 네이버 블로그와 깊이 있는 글쓰기에 적합한 브런치가 있어요. 오디오 콘텐츠를 다루는 팟캐스트 서비스에서는 강연, 인터뷰, 뉴스 등 음성 중심의 콘텐츠를 제공해요. 또한, 트위치와 유튜브 라이브는 실시간 방송을 통해 시청자와 소통하는 데 많이 활용됩니다. 이처럼 각 플랫폼마다 특징이 다르므로, 크리에이터는 자신의 콘텐츠 스타일과 목적에 맞는 곳을 선택하는 것이 중요하답니다.

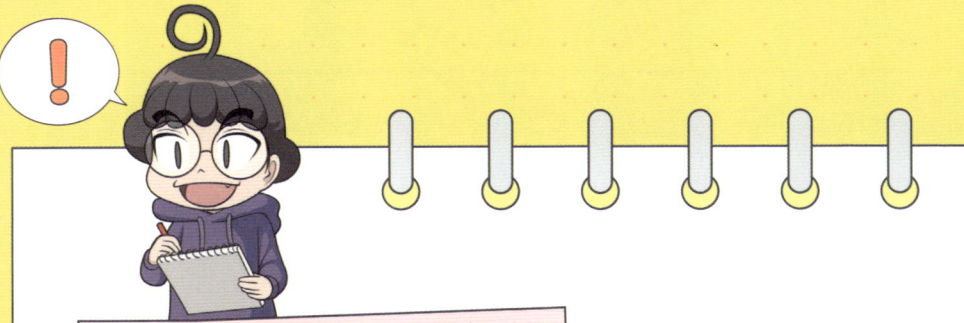

진렬이의 직업 노트

영상 콘텐츠의 형태

- 완성된 영상
- 영상을 촬영하고 편집한 후 업로드하는 방식.
- 시청자가 원하는 시간에 감상할 수 있어 편리함.
- 자막, 효과, 배경 음악 등을 활용해 영상의 완성도를 높일 수 있음.
- 조회 수와 댓글을 통해 시청자의 반응을 확인할 수 있음.

- 라이브 방송
- 실시간으로 영상을 내보내며 시청자와 바로 소통할 수 있음.
- 편집 없이 진행되므로 예상치 못한 상황에도 빠르게 대처하는 것이 중요함.
- 시청자의 의견을 실시간으로 반영할 수 있다는 특징이 있어, 시청자로부터 미션이나 투표를 받아 다음 진행 방향을 정할 수 있음.
- 일부 플랫폼에서는 다시 보기 서비스를 제공하기도 함.

라이브 방송은 실시간으로 송출되므로 더 신중할 것!

크리에이터는 새로운 것을 만들어 내는 일이기 때문에 정말 많은 노력이 필요합니다. 내가 만든 세계에 많은 사람들을 초대하고 싶다면 나만의 세계를 튼튼하게 만들어야 합니다.

그러기 위해서는 책도 많이 읽고 끊임없이 공부해야 한다는 걸 잊지 마시길 바랍니다.

네~!!!

<연예인과 크리에이터>

연예인은 기획사의 관리를 받지만, 크리에이터는 혼자서도 자유롭게 활동할 수 있어요. 회사와 협력하는 크리에이터도 연예인에 비해서는 제약이 적은 편입니다. 유튜버는 직접 콘텐츠를 기획하고 촬영하며 영상을 편집해요. 또한, 연예인은 TV나 영화 같은 전통적인 미디어에서 활동하고, 크리에이터는 유튜브나 틱톡 같은 온라인 플랫폼에서 활동합니다. 다만, 최근에는 연예인도 유튜브 방송에 참여하는 추세입니다.

[연예인]

[크리에이터]

강호이의 호기심

Q 영상 크리에이터도 회사를 통해 관리받을 수 있나요?

연예 기획사처럼 개인의 활동을 엄격하게 관리하지는 않지만, 영상 크리에이터가 더 좋은 환경에서 성장할 수 있도록 다양한 지원을 해 주는 회사가 있어요. 이런 회사를 'MCN(멀티 채널 네트워크)'이라고 하며, 대표적인 곳으로 샌드박스네트워크가 있답니다.

1. 영상 제작과 채널 운영에 대한 조언 제공

MCN은 크리에이터가 더 좋은 영상을 만들고, 채널을 잘 운영할 수 있도록 다양한 조언과 지원을 해줘요. 예를 들어, 영상 편집 방법, 재미있는 기획 아이디어, 해당 플랫폼의 알고리즘 활용법 등을 알려줘요. 또, 촬영 장비를 빌려주거나 스튜디오를 사용할 수 있도록 지원하기도 해요.  크리에이터들은 이러한 전문적인 도움을 받아 더 좋은 영상을 만들고, 시청자들과 소통하면서 채널을 성장시킬 수 있어요.

2. 크리에이터에게 광고 연결

크리에이터가 혼자 광고를 구하는 것은 쉽지 않아요. 이때, MCN은 광고주와 협력해 크리에이터에게 적합한 광고를 연결해 주는 역할을 해요. 이렇게 하면 크리에이터는 안정

적인 수익을 얻을 수 있고, 광고도 영상에 자연스럽게 포함할 수 있어요. 샌드박스네트워크 같은 MCN은 광고 협업을 돕는 것이 중요한 역할 중 하나예요.

3. 법률 문제 해결 지원

영상 크리에이터로 활동하다 보면 저작권 문제, 명예훼손, 초상권 침해 같은 법적인 문제가 생길 수도 있어요. 이런 일이 발생하면 MCN의 법률 전문가에게 상담을 받을 수 있어요. 예를 들어 자신의 영상이 무단으로 도용되었을 때 신고하는 방법, 허위 정보가 퍼졌을 때 정정 요청하는 방법, 악성 댓글이나 허위 사실 유포로 피해  를 입었을 때 법적으로 대응하는 방법 등을 알려 줘요. 이렇게 하면 크리에이터들은 자신의 권리를 보호받으며 안전하게 활동할 수 있어요.

이 외에도 크리에이터는 회사로부터 다양한 지원을 받을 수 있어요. 예를 들어 크리에이터가 출판사와 협력해 책을 내거나 굿즈를 제작해 팬들에게 선보이는 등 브랜드 활동을 확장할 수 있는 기회를 얻을 수 있답니다. 또한 회사가 팬미팅 같은 이벤트를 기획해 주는 경우도 있지요. 이런 지원을 통해 크리에이터는 단순히 영상을 제작하는 것 이상으로 다양한 영역에서 활동할 수 있습니다.

물론 혼자 활동하는 크리에이터도 많아요. 하지만 회사의 전문적인 도움을 받으면 더 안정적으로 성장할 수 있어요. 특히, 처음 시작하는 경우에는 체계적인 지원을 받으면 채널 운영이 훨씬 쉬워질 수 있답니다. 하지만 모든 크리에이터가 이러한 지원이 필요한 것은 아니예요. 각자의 목표와 스타일에 맞게 선택하는 것이 중요하답니다.

정답 찾기

진주가 파뿌리와 채팅방에서 대화를 나누고 있어요. 다음 중 바른 말을 한 사람을 찾아보세요.

먹방군 형 강연을 들으면서 정말 많은 걸 배웠어. 특히 영상 크리에이터가 되려면 고급 장비와 뛰어난 편집 실력이 필수라는 걸 깨달았어.

나는 저작권에 대한 이야기도 무척 흥미로웠어. 사진이나 영상은 인터넷에 있는 걸 그냥 가져다 써도 된다는 건 처음 듣는 이야기였지 뭐야.

난 그동안 1인 방송은 누구나 할 수 있는 건 줄 알았어. 그런데 실제로는 영상 크리에이터가 되려면 자격증이 필요하다고 해서 놀랐어.

내가 만들려는 콘텐츠는 영상이니까, 영상 플랫폼을 찾아야겠다는 생각이 들었어. 그리고 영상 플랫폼도 각기 특징이 달라서 잘 살펴봐야겠더라고.

2화
도전!
영상 크리에이터

준비 끝! 드디어 첫 촬영이다.

스마트폰은 앞에 세워 두고….

영상 촬영 시작!

안녕하세요~! 오늘은 마라 맛 과자를 먹어 보겠습니다.

진렬이의 직업 노트

영상 편집 용어

- **소스**

  영상 편집에 필요한 모든 재료.
  예시) 비디오 소스로는 촬영 원본 영상, 사운드 소스로는 녹음된 음성 파일 등이 있음.

- **숏**

  영상 편집의 기본 단위로, 카메라의 녹화 버튼을 누른 후 정지할 때까지 찍은 영상.

- **시퀀스**

  여러 숏들을 연결해 하나의 이야기처럼 만든 영상으로, 일부 영상 편집 프로그램에서는 편집된 영상 조각들의 모음을 의미하기도 함.

▲ 숏   ▲ 숏   ▲ 숏

시퀀스

- **러닝 타임**
완성된 영상이 재생되는 총 시간의 길이.

- **인트로**
영상의 시작 부분으로, 영상의 주제나 분위기를 효과적으로 전달하는 역할을 함.

- **아웃트로**
영상의 마지막 부분으로, 마무리 인사나 구독 및 좋아요 요청, 제작자 정보 등을 넣을 수 있음.

- **컷**
숏의 중간을 자르거나 장면을 전환하는 작업.

- **스틸**
정지된 화면으로, 영상 중간에 사진을 삽입하거나 특정 장면을 멈출 때 사용함.

- **페이드인**
화면이 점점 밝아지며 영상이 시작되는 효과.

- **페이드아웃**
화면이 점점 어두워지며 영상이 마무리되는 효과.

깜짝 코너! 파뿌리 인터뷰

Q. 파뿌리는 어떻게 크리에이터가 되었나요?

진렬이(김진일) 사실 처음부터 크리에이터를 준비한 건 아니었어요. 원래 호이와 저는 코미디언을 준비했는데, 모집이 없자 뭐라도 하려는 마음에 노랭이와 함께 채널을 만들었어요. 저희는 연극 영화과였던 호이와 함께 다양한 영상을 찍던 경험을 살리고 싶었어요. 그렇게 첫 영상을 더빙으로 시작하게 됐답니다. 그 후 여러 시도를 거듭하며 지금의 파뿌리가 만들어졌지요.

Q. 영상 크리에이터가 되어서 가장 좋은 점은 무엇인가요?

노랭이(김종우) 영상을 올리면 사람들이 공감해 주고 의견을 준다는 점이 가장 좋아요. 특히 '파뿌리가 있어 힘이 돼요!', '언제나 재밌어요!'와 같은 따뜻한 댓글을 보면 기분이 정말 좋아져요. 내 일상이 누군가에게 작은 즐거움이 될 수 있다는 것, 그것이 크리에이터만이 느낄 수 있는 특별한 경험이라고 생각합니다.

Q. 영상 크리에이터를 하면서 힘들었던 순간은 언제였고, 어떻게 극복했나요?

진렬이(김진일) 시청자 분들의 반응이 커지던 초기에 저는 편의점 아르바이트를 병행하며 매일 영상을 올리고 있었어요. 불규칙한 생활과 바쁜 일정 속에서 점점 의욕을 잃고 지치기 시작했죠. 그때는 제가 왜 이 일을 하는지 고민할 시간조차 없이 달려왔지만, 지금은 정기적인 휴식을 가지며 하고 싶은 것을 찾아 실천하는 방식으로 힘든 시간을 극복했답니다.

Q. 파뿌리는 새로운 콘텐츠를 기획할 때 아이디어를 어디에서 얻나요?

강호이(박강훈) 기존 영상의 데이터와 댓글을 많이 살피면서 아이디어를 얻는 편이에요. 예를 들어 어떤 연령대와 성별이 좋아했는지, 어떤 장면에서 반응이 좋았는지 살펴보며 다음 영상을 기획하죠. 데이터값이 예상과 다르면 저희끼리 원인을 분석해서 수정하고 다시 만드는 방식으로 끊임없이 시도하며 콘텐츠를 만들어 간답니다.

Q. 영상을 촬영하거나 편집할 때 가장 중요한 점은 무엇일까요?

노랭이(김종우) 영상은 결국 다른 사람에게 보여 주려고 만드는 것이기 때문에 나의 입장보다는 시청자가 어떻게 받아들이느냐가 더 중요하다고 생각해요. 사람들이 내용을 쉽게 이해하지 못하면 영상의 목적이 흐려질 수 있거든요. 그래서 편집을 할 때는 '이 장면을 처음 보는 사람도 쉽게 이해할 수 있을까?'라고 질문을 던져 가며 작업한답니다.

Q. 영상 크리에이터를 꿈꾸는 뿌독이들에게 해 주고 싶은 말이 있다면?

강호이(박강훈) 영상을 통해 사람들과 소통하는 건 정말 멋진 일이에요. 내가 좋아하는 것을 담아내고, 그것을 좋아해 주는 사람들을 만나는 건 큰 기쁨이죠. 나의 영상으로 인해 즐겁고 행복해졌다는 댓글을 보면 더할 나위 없이 행복하답니다. 영상 크리에이터를 꿈꾸는 뿌독이들도 이 즐거움을 많이 느낄 수 있으면 좋겠어요.

뿌득이 놀이터

직업 도구 찾기

이곳은 영상 크리에이터 체험을 하는 스튜디오예요. 진렬이와 노랭이가 호이의 먹방 촬영을 돕기 위해 물건을 챙기려 해요. 호이가 영상 크리에이터 체험을 할 수 있도록 필요한 물건 4개를 찾아 표시해 보세요.

십자말풀이

아래 설명을 보고 빈칸에 알맞은 답을 채워 보세요.

가로 열쇠
① 개인이 직접 제작하고 운영하는 미디어 형태.
② 인터넷에서 남을 비난하거나 상처 주는 댓글.
③ 실시간으로 진행되는 인터넷 방송.
④ 짧고 간결한 영상 콘텐츠.
⑤ 자신의 얼굴이나 모습이 무단으로 사용되지 않을 권리.
⑥ 일상이나 경험을 영상으로 기록한 콘텐츠.

세로 열쇠
㉠ 온라인에서 콘텐츠를 제작하고 공유하는 사람.
㉡ 한 사람이 혼자서 진행하는 인터넷 방송.
㉢ 콘텐츠를 업로드하고 공유할 수 있는 온라인 공간.
㉣ 영상, 이미지, 글 등 다양한 형태의 디지털 자료.
㉤ 창작자가 자신의 작품을 보호받을 수 있는 권리.
㉥ 세계에서 가장 인기 있는 동영상 공유 플랫폼.

유행을 따라가면서도 나만의 특색을 보여 주면 되지 않을까?
맞아! 채널이 유명해지려면 어쩔 수 없어.
너희들이 그렇게 생각하면 할 수 없지.

….
그래도 얘들아, 촬영하기 전에 계획을 좀 더 세우면 좋을 것 같아.
영상 찍으러 가자~!

진렬이의 직업 노트

조명의 중요성

- 조명을 사용하면 물체가 더욱 선명하게 보이고, 영상이 전문적으로 보일 수 있음.
- 조명의 설정을 일정하게 맞추면 영상의 분위기가 통일되어 안정적인 느낌을 줄 수 있음.
- 조명의 밝기에 따라 영상의 느낌이 달라짐. 밝은 조명은 따뜻하고 활기찬 분위기를, 어두운 조명은 신비롭거나 긴장감을 주는 분위기를 만듦.
- 촬영하려는 콘텐츠에 따라 조명을 최소한으로 사용하거나 자연광과 실내 조명만 활용하는 경우도 있음. 예를 들어 리얼리티 예능이나 브이로그는 자연스러움을 살리기 위해 따로 조명을 사용하지 않기도 함.

조명이 단순히 물체를 밝게 비추기 위해 사용되는 물건이 아니었다는 사실을 처음 알게 됨!

며칠 후

사과문

두둥

이번 '여름 소품 꾸미기' 영상은
저작권 위반으로 삭제되었음을 알려드립니다.
여름 특집으로 제작한 소품 속 이미지가
다른 작가님의 작품이었음을 뒤늦게 알게 되었습니다.
영상 제작 전, 철저하게 조사를 했어야 하는데
미흡하였던 점 사과드립니다.
다시는 저작권을 위반하는 일이 일어나지 않도록
사전에 철저하게 조사하고, 검증한 뒤 영상을 게시하도록
하겠습니다. 심려를 끼쳐드린 점 다시 한번 정중히
사과드립니다.

진주블링TV 올림

엥? 사과문?
이게 뭐지?

저작권 위반?

이번 '여름 소품 꾸미기'
저작권 위반으로 삭제되었
여름 특집으로 제작한 소
다른 작가님의 작품이었

저작권을 위반하면
영상이 삭제된다더니
정말이구나.

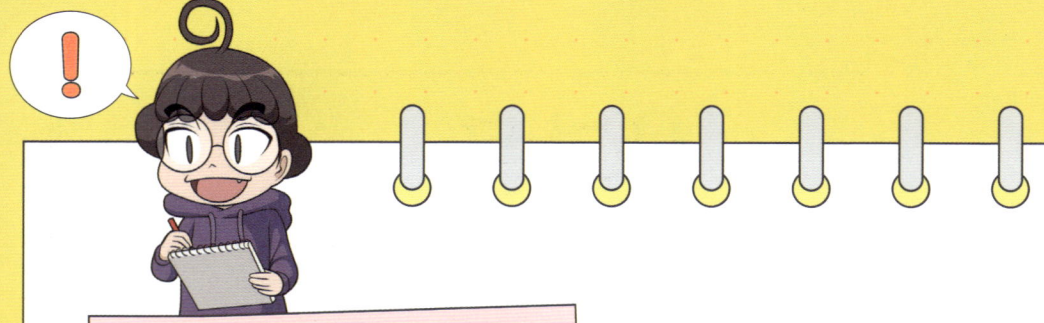

진렬이의 직업 노트

영상 삭제 기준

- 영상을 올릴 때는 해당 플랫폼의 규칙을 반드시 지켜야 함.
- 사용자 신고가 들어오면 문제가 있는지 확인한 후, 영상이 삭제될 수 있음.
- 신고가 접수되면 인공 지능 시스템과 검토팀이 영상을 확인한 후 삭제 여부를 결정함.
- 저작권 침해: 다른 사람이 만든 음악, 영상, 그림 등을 허락 없이 사용하는 경우.
- 규정 위반: 폭력적인 내용이나 거짓 정보 등의 부적절한 콘텐츠를 포함하는 경우.
- 규칙을 여러 차례 위반할 경우, 영상이 삭제될 뿐만 아니라 계정이 정지될 수도 있음.

열심히 만든 영상이 규칙 위반으로 삭제되면 너무 아까울 것 같음. 영상 만들 때 조심해야겠음!

 영상이 너무 촌스러워.

 기차 장난감 언박싱 유행 끝난 지가 언젠데….

 재미없어.

 요즘 유행하는 게 뭔지 모르나 봐.

 난 열심히 만들었는데, 왜 이런 댓글을 다는 거야?

헉…! 너무하잖아?

그, 그냥 무시해. 꼭 악플 다는 사람들이 있잖아. 삭제해 버려!

왜….

삭제하자. 이런 건 안 보는 게 좋아.

우연히 너희들의 대화를 들었는데 내가 좀 도와주고 싶어. 괜찮을까?

저희를 도와주신다고요?

우아아

인기 크리에이터가 우리를 도와준다니, 이건 내가 성공할 거라는 하늘의 뜻이야!

신난다~!

아니, 그냥 도와주기만 하는 건데….

야호

유후

 노랭이의 검색창

세계적인 영상 크리에이터

미스터 비스트

미국의 유튜버로, 2025년 기준 전 세계에서 가장 많은 구독자를 보유하고 있어요. 다양한 챌린지와 기부 콘텐츠뿐만 아니라, 몸을 아끼지 않고 직접 실험하는 독창적인 영상으로도 유명해요. 특히 극한의 환경에서 버티기나 특정 행동을 오랫동안 반복하는 실험 콘텐츠를 제작하며 큰 인기를 얻었어요.

퓨디파이

스웨덴에서 태어나 영국에서 활동한 유튜버예요. 게임 영상과 재치 있는 리액션 영상으로 인기를 얻었으며, 2013년부터 2019년까지 전 세계에서 가장 많은 구독자를 보유한 유튜버였어요. 2010년대 초반부터 꾸준히 활동하며 유튜브 콘텐츠의 흐름을 바꾼 인물로 평가받아요.

연관검색어 가장 많은 구독자 수를 보유한 유튜버

2025년 기준, 미스터 비스트는 약 4억 명의 구독자를 보유하고 있어요. 그 다음으로는 인도의 음악 채널 T-Series가 구독자 수 2위를 차지하고 있답니다. 3위는 아동 콘텐츠 채널 코코멜론이에요. 한국 채널 중에서는 블랙핑크가 약 9,700만 명의 구독자를 보유하며 가장 높은 순위를 기록하고 있답니다.

강호이의 호기심

Q 영상에 악플이 달리면 **어떻게** 대처해야 하나요?

영상을 올리다 보면 가끔 나쁜 말을 담은 댓글, 즉 악플을 받을 수 있어요. 이런 댓글을 보면 속상할 수 있지만, 가장 먼저 해야 할 일은 감정적으로 반응하지 않는 것이에요. 화가 나서 바로 대응하면 상황이 악화될 수 있기 때문에 침착하게 대처하는 것이 중요해요.

가장 쉽게 할 수 있는 대응은 댓글 숨기기, 차단, 신고 기능을 활용하는 거예요. 유튜브에서는 특정 사용자의 댓글을 보이지 않게 숨김 처리를 할 수 있으며, 악플이 심할 경우 해당 계정을 차단할 수도 있어요. 신고 기능을 이용하면 유튜브가 검토하여 규정을 위반한 댓글을 삭제하거나 계정을 정지할 수도 있습니다.

악플에 협박이나 개인 정보 침해 같은 내용이 있다면 부모님이나 선생님 등 믿을 수 있는 어른에게 꼭 이야기해야 해요. 아주 심한 악플은 법적으로 문제 삼을 수 있답니다.

4화
영상 크리에이터에게 중요한 것

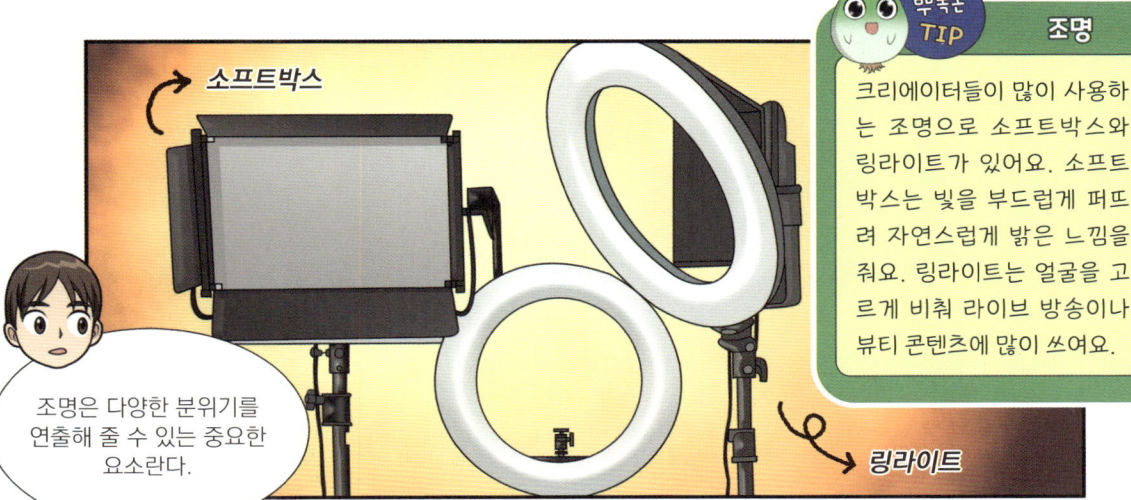

<영상이 흔들리지 않게 촬영하는 방법>

1. 두 손으로 스마트폰을 잡고 촬영하세요.
한 손으로 잡으면 작은 움직임에도 초점이 흔들릴 수 있어요. 양손을 사용하면 더욱 안정적으로 촬영할 수 있어요.

2. 삼각대를 활용하세요.
삼각대는 세 개의 다리로 이루어져 있어 카메라를 안정적으로 고정할 수 있어요. 오랜 시간 흔들림 없이 촬영할 수 있어 유용합니다.

진렬 군은 영상 속에 너무 많은 효과를 넣었어. 그 효과들이 도리어 영상에 집중하지 못하게 하고 있네.

다른 사람들 영상이 화려한 것 같아서 저도 최대한 화려하게 만들려고 했거든요.

동영상 편집 프로그램에 있는 기능들이 뭔지 아직 잘 모르지?

네. 그냥 아무거나 눌렀어요.

그래서 편집이 중요한 거야. 필요한 장면은 더 살리고, 필요 없는 부분은 과감하게 없애서 영상의 재미를 살리는 직업이거든.

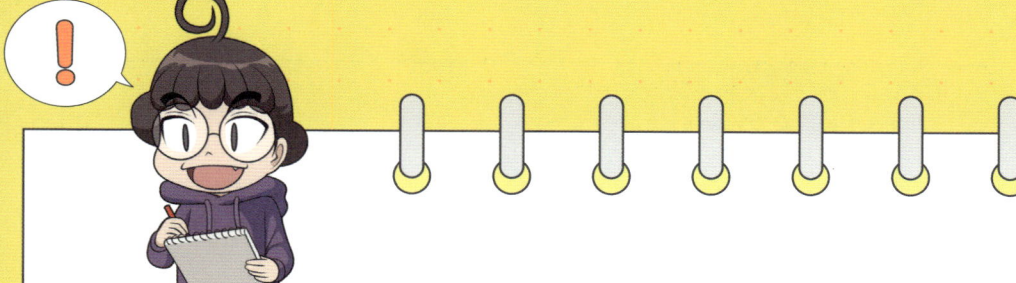

진렬이의 직업 노트

영상 편집

- 촬영한 영상을 다듬고 조합하여 하나의 완성된 영상으로 만드는 과정.
- 편집자는 영상을 더 재미있고 이해하기 쉽게 만들기 위해 다양한 기능을 활용함.
- 영상 편집 프로그램의 주요 기능
  ① 불필요한 장면을 삭제하는 자르기.
  ② 장면이 자연스럽게 이어지도록 하는 화면 전환 효과.
  ③ 영상의 밝기와 색을 조절하는 색 보정.
  ④ 대사를 글자로 표시해 내용을 쉽게 전달하는 자막 추가.
  ⑤ 분위기에 맞는 음악을 넣어 영상을 더 생동감 있게 만드는 배경 음악 삽입.

재밌는 영상은 그냥 만들어지지 않는다는 걸 알게 되었음. 편집은 정말 많은 고민이 필요한 일 같음!

좋아. 문제를 내겠어.

크리에이터에게 중요한 것이 있다. 그것이 무엇인지 아는 사람?

뭐지? 알 것도 같은데….

쿠옷

도전 정신입니다!

번

쩍

체험 박람회에서 들었잖아.

맞다, 깜박했네.

훗

강호이의 호기심

Q 팀으로 일하는 크리에이터는 어떻게 협력하나요?

1인 미디어는 크리에이터가 기획, 촬영, 편집, 업로드까지 모든 과정을 직접 담당하며 시작됩니다. 하지만 채널이 성장하고 시청자가 많아지면 혼자서 모든 작업을 감당하기 어려워지죠. 이에 따라 크리에이터는 필요한 역할에 따라 협업을 시작하는데, 가장 일반적으로 함께하는 사람들이 촬영자와 편집자입니다.

촬영자는 크리에이터가 콘텐츠 기획과 진행에 집중할 수 있도록, 카메라 구도와 조명을 세밀하게 조정해 영상의 분위기와 퀄리티를 결정하는 중요한 역할을 합니다. 편집자는 촬영된 영상을 단순히 이어 붙이는 것이 아니라, 불필요한 장면을 제거하고 영상의 흐름을 매끄럽게 만들어 시청자의 집중도를 높입니다. 자막과 배경 음악을 적절히 배치해 몰입감을 극대화하고 다양한 시각적 요소를 추가하는 등 세밀한 연출을 담당하기도 합니다. 콘텐츠의 성격에 따라 촬영 방식과 편집 스타일이 달라지기 때문에, 이 두 역할이 전문적으로 수행될수록 영상의 완성도는 더욱 올라갑니다.

▲ 진행자 및 촬영자

▲ 편집자

한편, 콘텐츠의 종류와 규모에 따라 작가나 연출자가 따로 있는 경우도 있어요. 하지만 대부분의 1인 미디어 크리에이터는 기획과 연출을 직접 맡습니다. 협업 방식은 채널 운영 방식에 따라 달라지며, 규모가 커질수록 역할이 더 체계적으로 나뉘게 됩니다.

뿌뚱이 놀이터

다른 그림 찾기

파뿌리가 새로운 콘텐츠를 기획해서 촬영하고 있어요. 바로 호이와 진렬이의 먹방 챌린지 영상이지요. 두 그림에서 서로 다른 곳 10군데를 찾아 표시해 보세요.

뿌둥이 놀이터

OX 퀴즈

문제를 읽고 정답을 맞혀 보세요.

1
영상은 촬영 각도와 조명에 따라 느낌이 달라진다.

O   X

2
영상이 지루해지지 않도록 필요 없는 부분은 편집해야 한다.

O   X

3
한번 콘텐츠를 정해 놓으면 더 이상 고민하지 않아도 된다.

O   X

4
크리에이터는 사람들에게 보여 주고 싶은 '나만의 세계'가 있어야 한다.

O   X

5화
나만의 세계를 만들어요

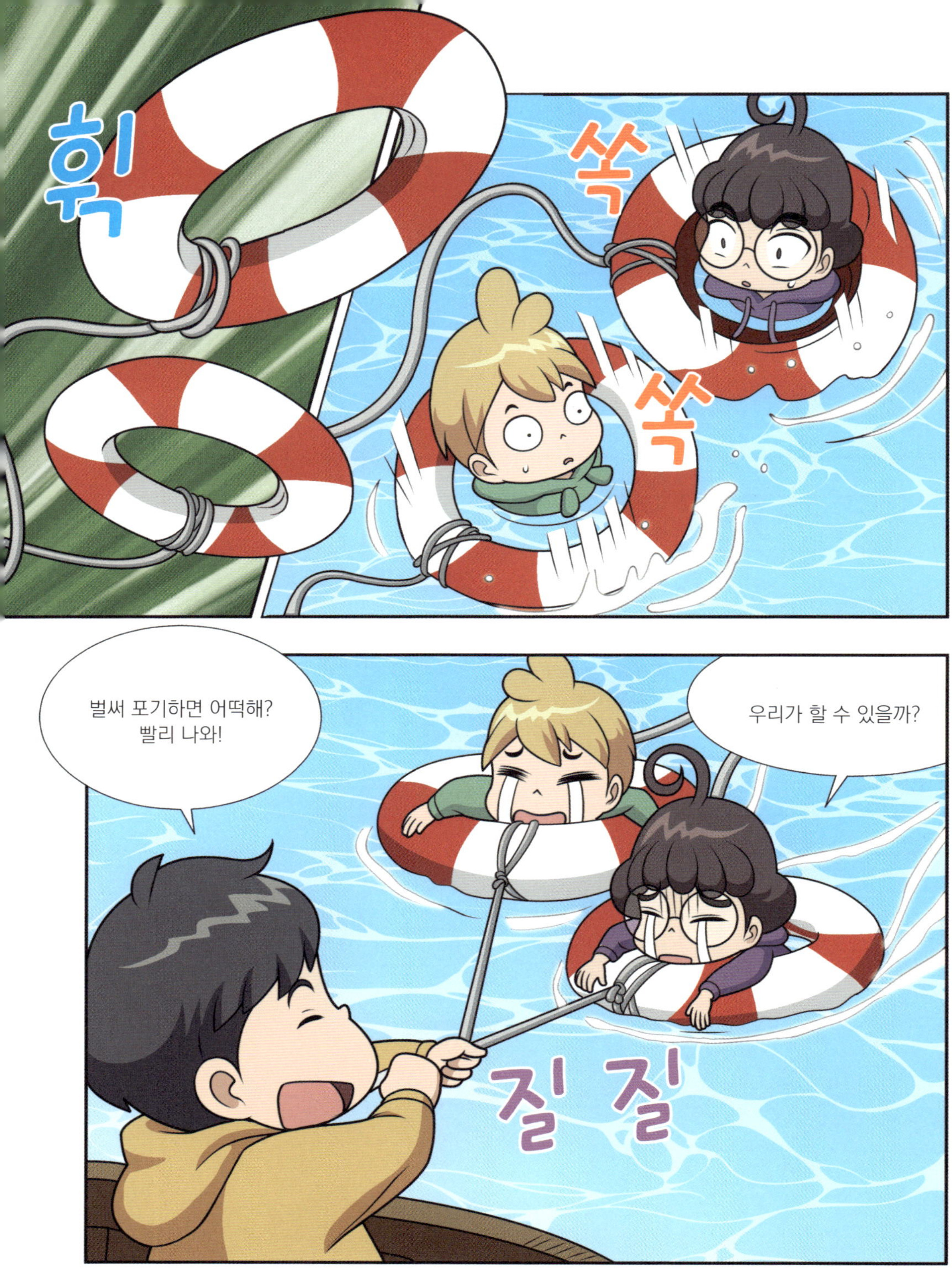
휙
쏙
쏙
벌써 포기하면 어떡해?
빨리 나와!
우리가 할 수 있을까?
질 질

다음 날

얘들아, 이거 봐 줄래? 콘텐츠 기획서 다시 만들었어!

콘텐츠 기획서

요소	내용
채널명	먹방왕 호이
시청자	10대
주제	편의점 음식으로 챌린지
구성	오프닝 / 음식 소개 / 먹는 모습 / 맛 평가 / 마무리 인사
업로드 주기	주 2회

오! 전보다 훨씬 낫다.

어?

새로 시작할 거니까 전에 만들었던 영상은 삭제해야지.

노랭이의 검색창

유튜브 주요 용어

좋아요

시청자가 영상이 마음에 들었을 때 누르는 반응이에요. 좋아요가 많을수록 해당 영상은 사람들에게 추천될 가능성이 높아져요. 특히 업로드 초반에 많이 받을수록 주목도가 높아지기 때문에 많은 유튜버들이 신경쓰는 부분이랍니다.

쇼츠

60초 이하의 짧은 세로형 영상이에요. 자동 재생 기능 덕분에 연속해서 시청하게 되지요. 별도의 추천 시스템이 있어 새로운 크리에이터에게 좋은 기회가 될 수 있어요. 그래서 유튜버들은 첫 몇 초 안에 시청자의 관심을 끌기 위해 다양한 요소를 활용한답니다.

알고리즘

사용자의 관심사와 시청 패턴을 분석해 영상을 추천하는 시스템이에요. 좋아요와 조회 수뿐만 아니라 시청 지속 시간과 댓글 반응 등 다양한 요소를 고려하지요. 특정 유형의 영상을 자주 보면, 유튜브는 비슷한 영상을 더 많이 추천해 준답니다.

연관검색어 인기 급상승 동영상

유튜브에서 많은 사람들이 짧은 시간 안에 관심을 가진 영상을 모아둔 곳이에요. 조회 수만으로 결정되는 게 아니라, 사람들이 오래 보고 흥미를 느낀 영상이 선택되지요. 유튜브가 목록 선정에 직접 관여하는 것은 아니고, 알고리즘이 영상의 인기를 판단해 자동으로 정한답니다. 이 목록은 15분마다 새로고침 된답니다.

강호이의 호기심

Q 유튜버가 되려면 어떻게 해야 하나요?

유튜버는 단순히 영상을 올리는 사람이 아니라, 사람들이 보고 싶어 하는 콘텐츠를 기획하고 꾸준히 성장하는 사람이에요. 유튜브 계정은 만 13세 이상부터 만들 수 있어요. 하지만 수익을 얻으려면 보호자의 계정이 필요할 수도 있답니다.

먼저 자신이 좋아하고 꾸준히 만들 수 있는 콘텐츠가 무엇인지 고민해야 해요. 물론 인기 있는 주제를 참고하는 것은 중요해요. 하지만 다른 영상을 무조건 따라 하는 것보다는 나만의 개성을 살린 콘텐츠를 만드는 것이 더 효과적이에요.

채널을 만들 때는 짧고 기억하기 쉬운 이름을 정하는 것이 좋아요. 또한, 눈에 띄는 프로필 사진과 배너를 설정하면 채널의 첫인상을 더 좋게 만들 수 있습니다.

콘텐츠 정하기

채널 만들기

유튜브 소개란에는 콘텐츠 특징과 업로드 일정을 적어 두면, 구독자들이 채널을 쉽게 이해할 수 있어요.

다음으로, 영상을 촬영하고 편집한 후 업로드해야 해요. 제목과 썸네일을 눈에 띄게 만들고, 설명란에 중요한 키워드와 해시태그를 포함하면 검색 노출이 더 잘된답니다. 또한, 업로드 후 처음 몇 시간 동안 댓글로 시청자와 소통하면 알고리즘이 영상을 더 많은 사람에게 추천할 가능성이 높아져요.

유튜버로 본격적으로 활동하려면 채널을 꾸준히 관리하고 성장시키는 것이 중요해요. 광고 수익을 받으려면 구독자 1,000명과 최근 12개월 동안 4,000시간 이상의 시청 시간을 충족해야 합니다. 광고 외에도 브랜드 협업, 후원, 굿즈 판매 등 다양한 수익 창출 방법이 있지요.

처음부터 완벽한 영상을 만들 필요는 없어요. 꾸준히 도전하고, 경험을 쌓아 나가며 성장하다 보면 언젠가는 많은 사람들이 찾는 멋진 유튜버가 될 수 있을 거예요.

영상 만들고 업로드하기

크리에이터로 활동하기

우리나라의 1세대 유튜버

우리나라
1세대 남성 유튜버

도티 (1986~)

우리나라의 게임 영상 크리에이터예요. 2013년 유튜브 채널 '도티 TV'를 개설하고, 마인크래프트 콘텐츠를 중심으로 다양한 게임 영상을 제작하며 큰 인기를 얻었어요. 특히, 어린이와 청소년들이 쉽게 따라 할 수 있는 게임 콘텐츠를 선보이며 많은 사랑을 받았습니다. 현재는 방송, 강연, 출판 등 다양한 분야에서도 활발히 활동하고 있어요.

양띵 (1990~)

우리나라의 대표적인 게임 영상 크리에이터이자 스트리머예요. 2007년 아프리카TV에서 방송을 시작했고, 이후 유튜브에서 마인크래프트, 게임 리뷰, 실시간 방송 등 다양한 콘텐츠를 선보이며 많은 팬을 모았어요. 특히 팀 콘텐츠와 참신한 게임 기획력으로 주목받았답니다. 양띵은 현재도 다양한 게임 및 일상 콘텐츠를 제작하며 활발하게 활동하고 있어요.

우리나라
1세대 여성 유튜버

홀랜드 검사 소개

홀랜드 검사는 미국 존스 홉킨스 대학 사회학 명예 교수였던 존 루이스 홀랜드가 연구하고 개발한 직업 선호도 검사입니다.

주변 환경이 사람의 타고난 성격과 기질에 영향을 미치게 될 때 두 관계가 일치할수록 직업 만족도가 높아집니다. 그래서 홀랜드 검사를 통해 자신이 어떤 유형의 사람인지 알게 되면 만족도가 높은 직업을 선택할 수 있습니다.

홀랜드 박사가 제시한 성격 유형은 현실형, 탐구형, 예술형, 사회형, 진취형, 관습형의 여섯 가지로 구분됩니다.

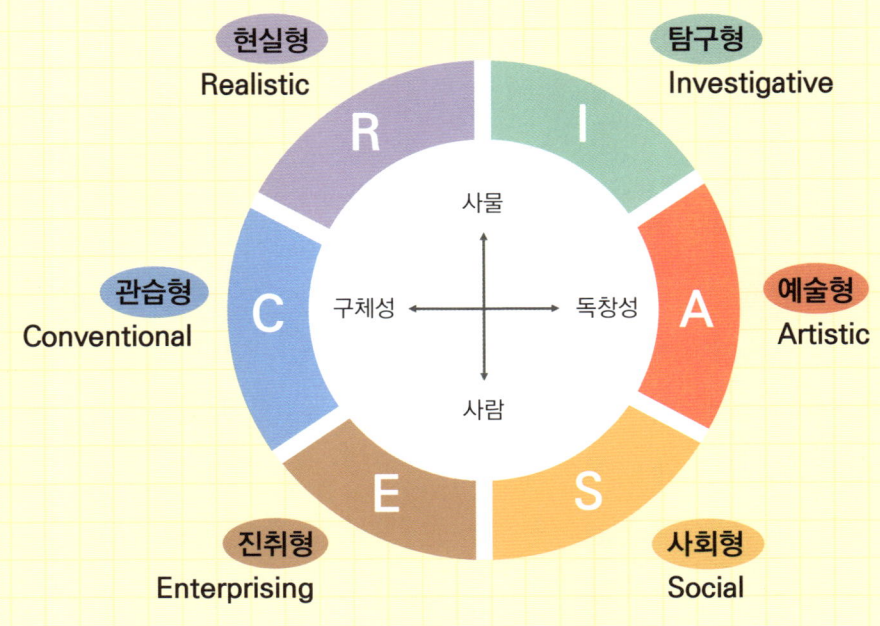

크리에이터는 어떤 유형일까?

크리에이터는 예술형(A형)에 해당합니다. 이 유형에 해당하는 사람들은 상상력이 풍부하고 감각적인 성향을 가졌기 때문에 창작 활동과 관련된 분야에서 일하면 높은 만족도와 성취감을 느낄 수 있습니다.

예술형 성향의 사람들은 자신만의 감성과 개성을 표현하는 것을 즐기며, 독창적인 아이디어를 시각적이거나 창의적인 방식으로 풀어내는 데 능숙합니다.

이들은 크리에이터 이외에도 예술가, 작곡가, 작가, 배우, 무용가, 디자이너 같은 직업을 선택했을 때 높은 성과를 보일 수 있습니다.

✓ **나는 예술형과 얼마나 잘 맞을지 체크해 봅시다.**

창의적이고 감각적인 일을 하는 것이 즐겁다.	☐
나만의 개성과 특징을 보여주는 것을 좋아한다.	☐
단순히 정보를 전달하는 것보다 감성을 담아내는 것이 중요하다.	☐
반복적인 일보다 자유롭게 할 수 있는 일이 좋다.	☐
감정이나 아이디어를 예술적으로 표현하는 것이 흥미롭다.	☐
논리적 분석보다는 직관과 감각을 더 중요하게 여긴다.	☐
다양한 색, 소리, 움직임을 활용하는 것을 좋아한다.	☐

찾아보기

1인 미디어	33	영상 편집	115
1인 미디어 플랫폼	41	영상 편집 용어	64
규정 위반	90	유튜버	154, 155, 156
도티	156	인기 급상승 동영상	153
라이브 방송	42	인트로	65
러닝 타임	65	저작권	38
링라이트	109	저작권 침해	90
미스터 비스트	103	조명의 중요성	88
브이로그	19	좋아요	153
삼각대	111	청소년미디어센터	37
샌드박스	48	초상권	38
소스	64	촬영 각도	108
소프트박스	109	촬영자	133
쇼츠	153	카메라 고정 방법	111
숏	64	컷	65
숨김 처리	104	콘텐츠	32
스틸	65	콘텐츠를 기획할 때 고려할 요소	27
시퀀스	64	콘텐츠코리아랩	37
썸네일	155	크리에이터	14
아웃트로	65	페이드아웃	65
악플	104	페이드인	65
알고리즘	153	편집	113
양띵	156	편집자	133
연예인과 크리에이터	46	퓨디파이	103
영상 삭제 기준	90	플랫폼	40
영상 촬영 팁	21	피사체	108
영상 콘텐츠의 형태	42	MCN	48, 49
영상 크리에이터 체험 공간	37	SNS	19

정답 해설

50쪽

72쪽

	⁰크					
	리		⁰1	인	미	디	어
	에		인		②악		ⓒ플
③라	이	브	방	송		랫	ⓓ콘
	터		④송			폼	텐
		저		ⓔ유		④쇼	츠
		작		튜			
⑤초	상	권		⑥브	이	로	그

70~71쪽

134~135쪽

136쪽

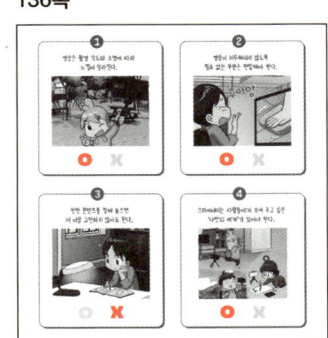

원작 파뿌리 ㅣ **글** 김혜련 ㅣ **그림** 이정태
초판 1쇄 발행 2025년 7월 16일

발행처 겜툰 ㅣ **발행인** 송경민
편집 정하얀, 김효원, 이해윤 ㅣ **디자인** 김은혜, 김예신
마케팅 최서온
도움 주신 분 샌드박스네트워크

등록 2011년 4월 15일 제 25100-2019-000014호
주소 서울특별시 구로구 디지털로31길 62, 704호
전화 02-6964-7660 ㅣ **팩스** 0505-328-7637
이메일 gamtoon@naver.com
겜툰 출판사 카페 http://cafe.naver.com/gtcomics

가격 14,800원

ISBN 979-11-6844-186-6

ⓒ파뿌리. ALL RIGHTS RESERVED.
ⓒSANDBOX NETWORK Inc. ALL RIGHTS RESERVED.
본 상품은 (주)샌드박스네트워크와의 정식 라이선스 계약에 의해
(주)겜툰에서 제작, 판매하므로 무단 복제 및 전재를 금합니다.

SANDBOX

* 만화 속 인물의 모습과 색 등은 만화적 표현을 허용하여 어린이들이 이해하기 쉽게 제작하였습니다.